Àngels Navarro

VAMOS DE FIESTA

COMBEL

Con solo cuatro pasos podrás realizar las 48 manualidades que encontrarás en este libro. Personalizar tus fiestas y participar en su organización (crear las invitaciones, la decoración, la comida...), será creativo, divertido y fácil.

Antes de empezar deberás asegurarte de que dispones de todo el material necesario para realizar los trabajos.

Lo más importante, por supuesto, es tener a mano lápiz y goma, tijeras, cartulinas de colores, pegamento, pintura, pinceles y material para decorar.

El resto de material y herramientas que necesitas lo encontrarás en papelerías y tiendas de manualidades.

Seguramente en casa tienes material que podrás utilizar pero, si no es así, te invitamos a encontrar alternativas: todo puede substituirse por material parecido y reciclado.

¡Disfruta organizando tus fiestas temáticas!

¡ALE HOP!

EMPIEZA EL

ESPECTÁCULO

CARPA INVITACIÓN

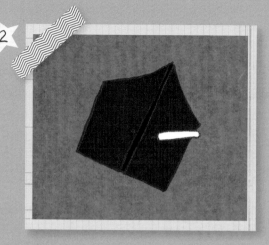

Con el punzón, haz dos agujeros en la parte delantera. Ten cuidado, ¡no te pinches!

Dibuja la carpa del circo en una cartulina. Después, recórtala y dobla las dos secciones laterales.

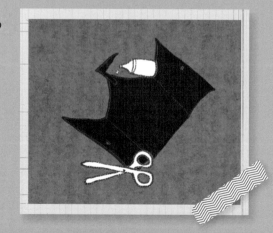

Decórala con cartulinas, pasa un cordel por los agujeros y anúdalo con un lazo. ¡Ya solo te falta escribir la fecha y el lugar de la fiesta en su interior!

Recorta la bandera y pégala en la parte superior de la carpa.

SOMBREROS DE PAYASO

1

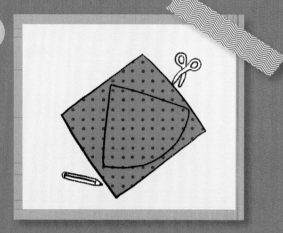

Recorta en una cartulina la forma que ves en la ilustración.

2

Enróllala en forma de cono y pégala con pegamento. ¡Debes sujetarla un buen rato para que quede bien pegada!

3

Decórala a tu gusto con plumas, botones, flecos de papel de seda, cintas de pasamanería, blondas, etc.

4

Puedes añadirle una goma elástica en la parte inferior para que el sombrero te quede bien sujeto a la cabeza.

BANDEROLAS DE CIRCO

Corta algunos trozos largos de cordel.
Antes deberás medir el espacio donde
quieres colgarlos.

Recorta triángulos de varias cartulinas
de colores. También puedes recortar
círculos y combinarlos con los triángulos.

Pega los triángulos al cordel con
cinta adhesiva. Deja de 6 a 10 cm
de distancia entre cada triángulo.

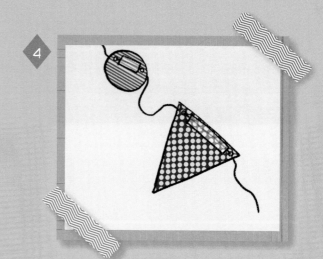

También puedes hacer agujeros
en los círculos y triángulos y pasar
el cordel por su interior.

VASOS CIRCENSES

1

Dibuja y recorta en un papel distintos personajes del circo: el domador, el payaso, un león, etc.

Dibuja círculos en una cartulina. Puedes ayudarte con una lata o cualquier otro objeto de base redonda.

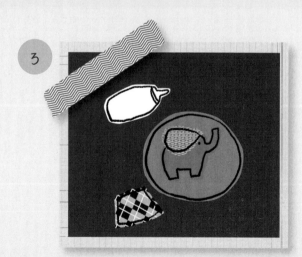

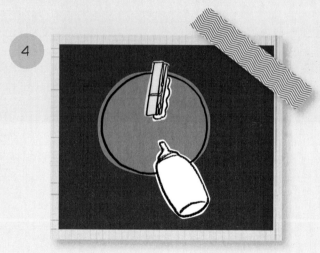

Pega los personajes en los círculos de cartulina y espera hasta que el pegamento esté completamente seco.

Pega los círculos de cartulina en pinzas de tender. ¡Tachán! Ya tienes un distintivo para personalizar los vasos de los invitados.

UN TREN CARGADO DE...

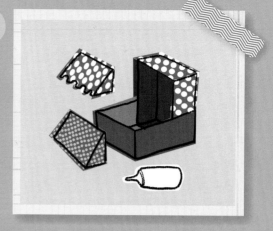

Debes convertir una de las cajas en la locomotora del tren. Fíjate en la ilustración.

Elige algunas cajas de cartón que tengas en casa y píntalas o fórralas con cartulinas de colores.

Con un punzón, haz un pequeño agujero en la parte trasera de la locomotora y en la parte delantera y trasera de los vagones, únelos con un cordel y a gritar: "¡A toda máquina!"

Recorta círculos de cartón para hacer las cuatro ruedas de cada vagón. Únelas con encuadernadores para que giren.

PAYASO COMILÓN

En otro cartón, dibuja y recorta
el cabello y el sombrero del payaso.

En una caja de cartón, dibuja una boca
grande como la de la ilustración y
recórtala con la ayuda de un adulto.

Píntalo todo y después pégale una flor
de papel de seda y otros ornamentos,
como la nariz. Fíjate en la fotografía.

Busca algunas pelotas que tengas
en casa y a jugar. Marca
una línea en el suelo para indicar
la distancia del tiro. ¡A ver
quién tiene mejor puntería!

LLEGA LA PASCUA

INVITACIÓN DE PASCUA

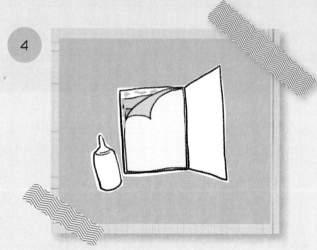

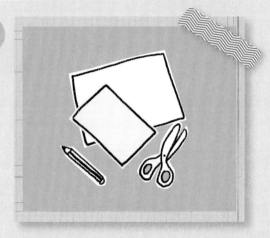

1

Recorta varios rectángulos de cartulina de dos tamaños distintos. Puedes tomar las siguientes medidas como referencia: 26 x 18 cm y 13 x 18 cm.

2

Dobla los rectángulos más grandes por la mitad. A continuación, dibuja en cada uno un huevo bien grande que deberás recortar con la ayuda de un adulto.

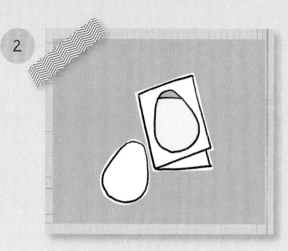

3

Recorta a tiras varias cartulinas. Deben ser más largas que el huevo. Pon un poco de pegamento alrededor del huevo y pega las tiras de manera que lo cubran todo.

4

Pega en la parte trasera el rectángulo más pequeño que has recortado antes. ¡Ya solo te falta escribir la fecha y el lugar de la fiesta!

HUEVOS DECORADOS

Vacía algunos huevos con la ayuda de un adulto. Deberéis agujerearlos por la parte superior e inferior y soplar el contenido sin que se rompan.

Ahora ya los puedes decorar. Píntalos, estámpalos, ponles gomas entrecruzadas, fórralos con papel de seda, pégales retales de cartulina, etc.

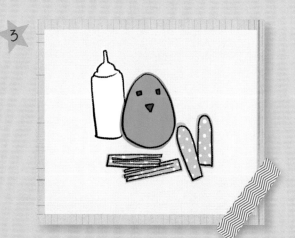

También puedes convertirlos en animales, como un conejo o una gallina, pegando cartulinas recortadas. Al final del libro encontrarás algunas plantillas.

Para obtener un acabado final de conjunto, coloca los huevos en hueveras de cartón y dales un toque decorativo.

MÁSCARA DE CONEJO

1

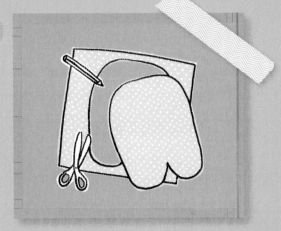

Dibuja la cara de un conejo en una cartulina y recorta el contorno. Fíjate en la fotografía.

2

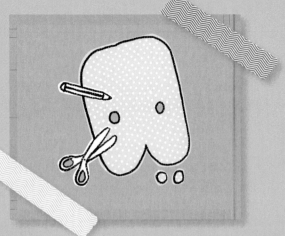

Coloca la máscara de conejo frente a tu cara y pide a otra persona que marque dónde están situados los ojos. Con la ayuda de un adulto, recórtalos.

3

Con cartulinas de otros colores crea las orejas, los dientes y el hocico. ¡No olvides los bigotes!

4

Con un punzón, haz dos agujeros en los laterales de la máscara y pasa por ellos una goma elástica.

PLATOS DECORADOS

1

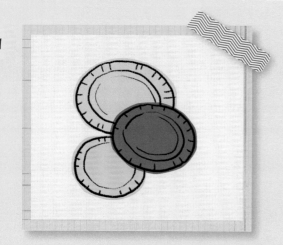

Elige unos cuantos platos de papel,
mejor si son de distintos colores.

2

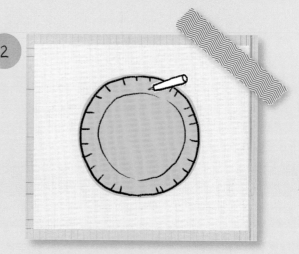

Con un punzón, haz un agujero
en uno de los extremos de los platos.

3

En cartulinas de colores, dibuja
y recorta huevos, conejos, polluelos,
gallinas, etc. Después, pégalos
en los platos.

4

Pasa un cordel por cada uno de
los agujeros de los platos, átalos
con un nudo y ya los podrás colgar
y adornar tu fiesta de Pascua.

SERVILLETAS ANIMADAS

1

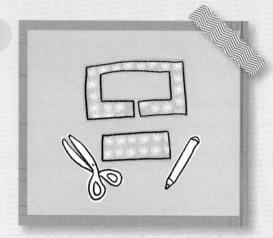

Dibuja rectángulos de unos 4 x 12 cm en cartulinas de distintos colores y recórtalos.

2

Dibuja y recorta las partes de una gallina: las alas, el pico, la cresta, la papada, los ojos, etc. Después, pégalo en los rectángulos. Fíjate en la fotografía.

3

Cuando el pegamento se haya secado, enrolla los rectángulos de cartulina y pega los laterales.

4

¡Ya tienes unos fantásticos servilleteros para personalizar las servilletas de manera original!

¡CONEJOS MUY DULCES!

1

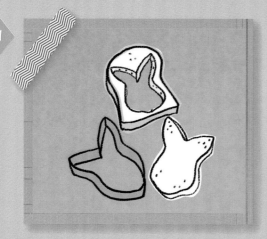

Recorta el pan de molde en forma de conejo con la ayuda de un molde de pastelería.

2

Unta el pan con crema de chocolate de la que encuentras en cualquier tienda de comestibles. Después, con confites de colores, pon los ojos y el hocico.

3

Prepara una pasta con los siguientes ingredientes: azúcar glasé, clara de huevo y unas gotas de limón, ligeramente batidos.

4

Llena una manga pastelera o un cucurucho con la punta agujereada con la pasta que acabas de preparar y dibuja las orejas y la boca de los conejos.

INVASIÓN ROBÓTICA

ROBOT ESCULTURAL

1

Consigue dos cajas de cartón vacías, una grande y otra pequeña; cierra las tapas con cinta adhesiva. Píntalas de color azul a brochazos.

2

Cuando estén secas, añade los detalles. En papel y cartulina recorta los ojos, la boca, los botones de mando y el dial y después, pégalos en las cajas.

4

Recorta una tira de cartulina de unos 4 cm de ancho, enróllala y pégala en la parte superior del cuerpo para simular el cuello del robot. Después, pégale la cabeza y ya tienes tu robot.

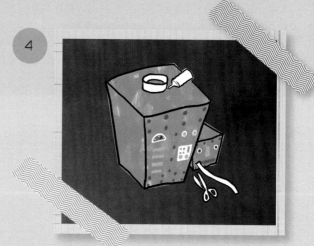

3

Para los tornillos, haz bolas de dos tamaños distintos con papel absorbente de cocina y pégalas en las cajas. Cuando estén bien pegadas, píntalas.

DECORACIÓN ROBÓTICA

①

Dibuja circunferencias, todas del mismo tamaño, en cartulinas de distintos colores. Después, recórtalas.

②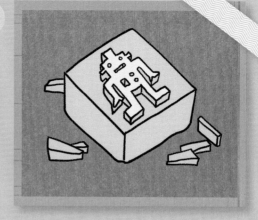

En una goma de borrar o en una patata abierta por la mitad, dibuja un robot. Con la ayuda de un adulto, vacía la goma o la patata de manera que el robot aparezca en relieve.

③

Moja con pintura el robot que has dibujado en la goma o la patata y estámpalo en los círculos de cartulina.

④

Con un punzón, perfora los círculos, los del interior con cuatro agujeros, los del exterior con tres y los de las esquinas con dos agujeros. Únelos con cordel.

VASOS ROBOT

Forra unos cuantos vasos de papel
con cartulina de distintos colores.
Espera a que se sequen bien.

Después, decóralos con retales
de cartulina de distintos colores
para que tengan aspecto de robot.

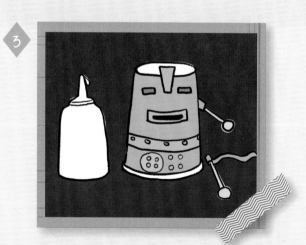

Puedes añadirles brazos hechos
con palillos de madera. Enrolla y pega
un trozo de papel en la punta de cada
palillo y pégalos al vaso.

Con un poco de alambre, simula un
circuito eléctrico y pégalo en la base
del vaso. Colócalos del revés para
que queden decorativos.

¡PIIP! ¡PIIP! PASTELILLOS

1

En una cartulina, dibuja varios modelos de robot. Utiliza la plantilla que encontrarás al final del libro. Píntalos o pégales retales de papel para los detalles.

2

Con la ayuda de un adulto, recorta los robots que has dibujado.

3

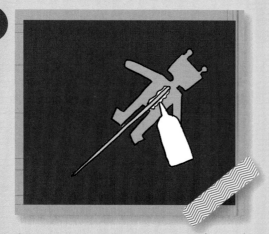

Pega en la parte posterior de cada robot un palillo largo de madera y presiona para que quede bien sujeto.

4

Cuando el pegamento esté seco, solo te falta clavarlos como adorno en tus pastelillos de la fiesta robot.

PORTACARAMELOS

1 Consigue una caja de cartón no demasiado grande y píntala o fórrala con papel opaco.

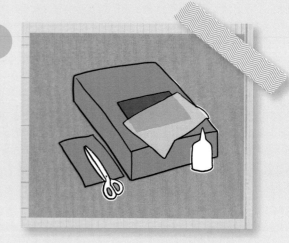

2 A continuación y con la ayuda de un adulto, haz un agujero cuadrado en la parte delantera y pégale un papel de celofán en el interior.

3 Dibuja en una cartulina los elementos que quieras añadir al robot: antenas, brazos, ojos, etc. Recórtalos y pégalos a la caja.

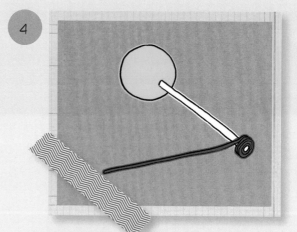

4 Consigue unos cuantos caramelos con palo. Enrolla en la parte inferior un cable de alambre para que se sostengan en pie. ¡Llena la caja de caramelos para tus amigos!

PIÑATAS RO-BÓ-TI-CAS

1

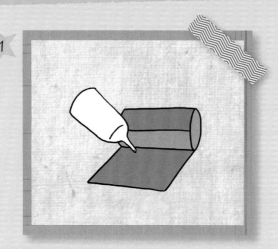

Para hacer estas piñatas, necesitarás unos cuantos tubos de cartón. Utiliza rollos de papel higiénico y fórralos con cartulina.

2

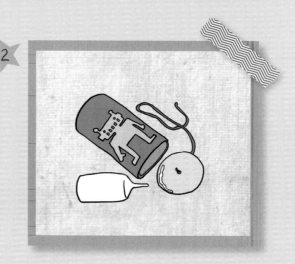

En una cartulina de otro color, dibuja robots, recórtalos y pégalos en cada cilindro.

3

Recorta un círculo de papel fino, agujéréalo por el centro y pásale un cordel. Pega el círculo en la parte inferior del cilindro.

4

Con un punzón, haz un par de agujeros en los laterales de la parte superior y pasa un cordel para colgar las piñatas. Llénalas de pequeños obsequios ¡y que lluevan regalos robóticos!

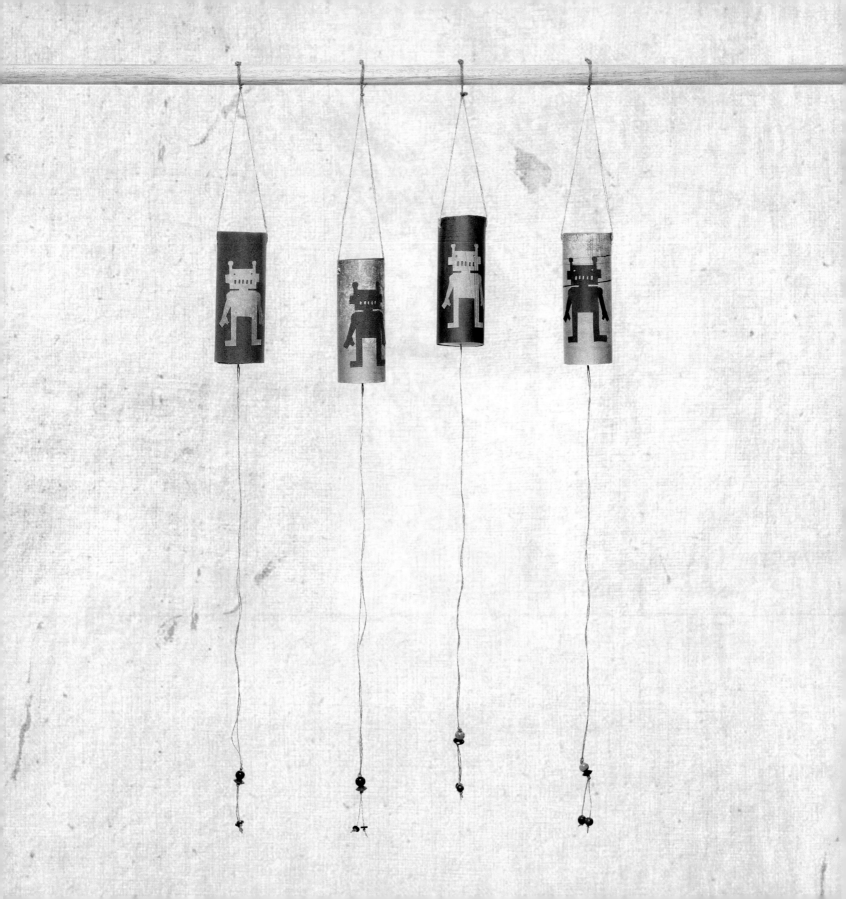

LOS PIRATAS

MALHECHORES

GUIRNALDAS PIRATA

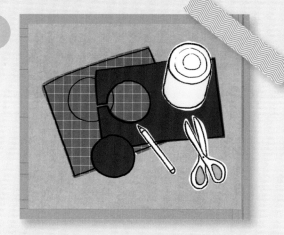

1

Recorta círculos de papel de varios tamaños y distintos colores. Para dibujarlos, ayúdate con una lata o cualquier objeto de base redonda.

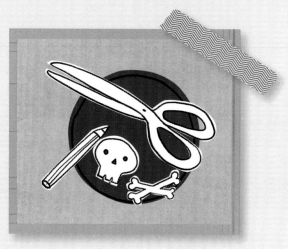

2

En una cartulina blanca, dibuja la calavera y los huesos de la bandera pirata.

3

Pega dos calaveras con sus huesos en los círculos más grandes. Fíjate en el dibujo.

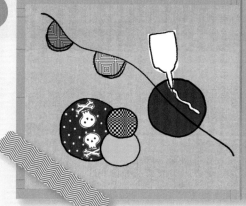

4

Corta trozos largos de cordel. Dobla los círculos por la mitad, ponles un poco de pegamento, pasa el cordel por el centro y aprieta para que queden bien pegados.

¡PIRATAS, AL ABORDAJE!

1

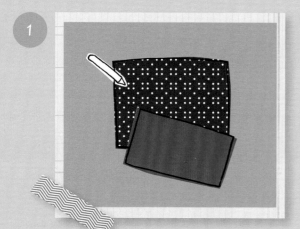

En una cartulina, dibuja los distintos elementos de un disfraz de pirata: un bigote, una barba espesa, el garfio y el pañuelo con el parche incorporado.

2

Después, recorta todos los elementos con cuidado. Pide ayuda a un adulto si lo necesitas.

3

Con un punzón, haz dos agujeros en los dos extremos del pañuelo de pirata y pásales una goma elástica.

4

Para terminar, pega los demás elementos que has recortado en un palo largo y fino, espera a que el pegamento esté seco ¡y a jugar!

BOLSAS DE PIRATA

1

Reutiliza bolsas de papel de las que dan en algunos comercios.

2

Parte una patata por la mitad y dibuja la calavera y los huesos de la bandera pirata. Con la ayuda de un adulto, vacíala para que aparezca el relieve.

3

Moja el relieve de la calavera y los huesos con pintura blanca o negra y estámpalos en las bolsas de papel.

4

Ahora ya tienes las bolsas decoradas con el símbolo pirata. Solo te falta llenarlas de caramelos para obsequiar a tus invitados.

SOMBRERO PIRATA

2

En una cartulina blanca, dibuja el símbolo pirata con la ayuda de la plantilla del final del libro. Recórtalo y pégalo en uno de los perfiles del sombrero pirata.

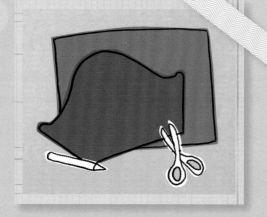

1

En una cartulina negra, dibuja dos perfiles de sombrero pirata del tamaño de tu cabeza y recórtalos.

3

Recorta una tira de cartón de 3 cm de ancho y de largo el perímetro de tu cabeza. Pégale los dos perfiles, de manera que la tira quede en el interior.

4

Cuando el pegamento esté completamente seco, ya puedes probarte el sombrero. ¡Serás un temible pirata!

DULCE NAVÍO

1

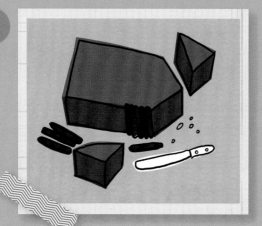

Corta un bizcocho de chocolate en forma de barco; pide ayuda a un adulto. Después, pega galletas de chocolate alrededor.

2

Dibuja el símbolo pirata en una cartulina de color negro y recórtala con forma de vela. A continuación, dibuja y recorta la bandera en una cartulina de otro color.

3

Con un punzón, haz dos agujeros en la vela y pásale un palillo largo. Después, pega la bandera en el extremo superior del palillo y clávalo al pastel.

4

En otra cartulina, dibuja y recorta las olas para simular el mar y... ¡Viento en popa y a comer!

¡EL TESORO!

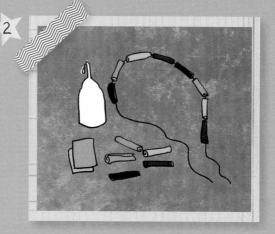

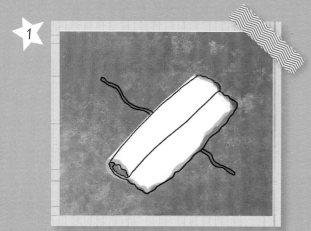

Recorta trozos de cartulina del tamaño de un folio, enróllalos y sujétalos con un cordel para simular que son viejos mapas.

Crea unos cuantos collares enrollando pequeñas tiras de cartulina alrededor de un cordel.

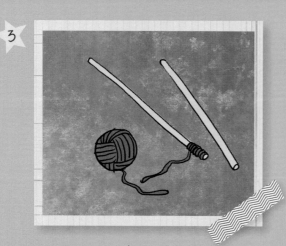

Enrolla un cordel en el extremo de dos palillos largos.

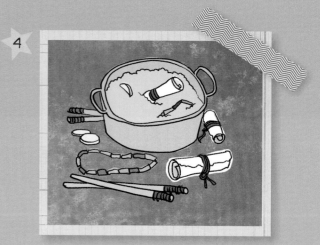

Llena un cubo con arena de playa, esconde los collares y los mapas dentro y añade monedas de chocolate. Los invitados deberán "pescar" los tesoros con la ayuda de los palillos.

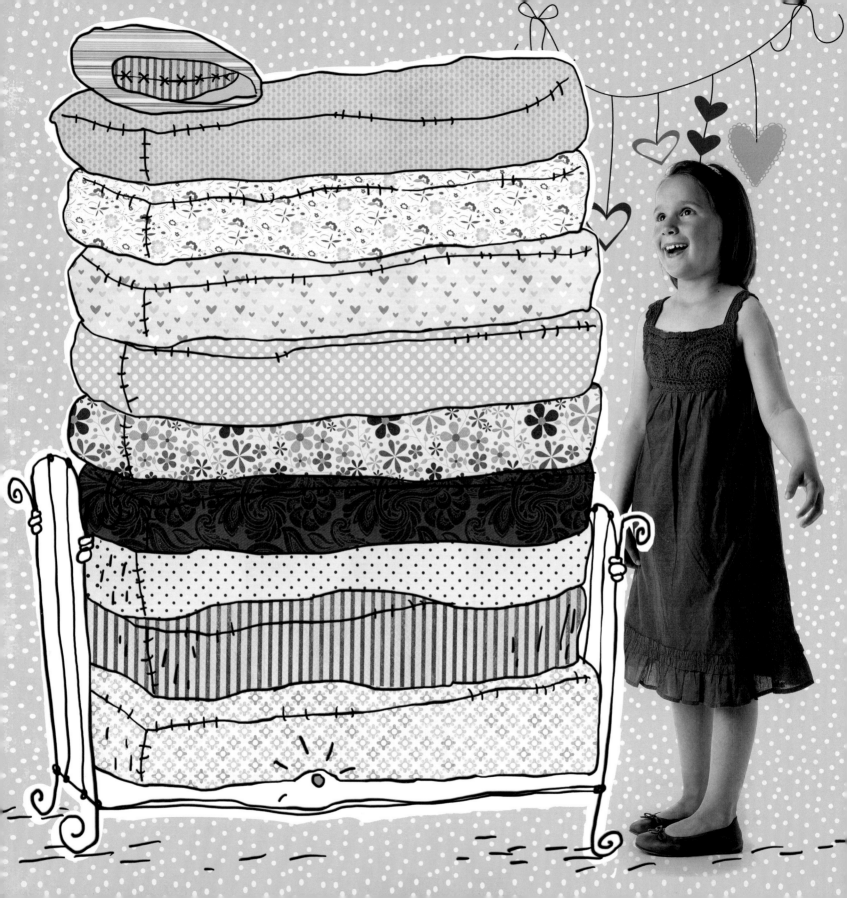

LA PRINCESA

Y EL GUISANTE

CAJAS DE PRINCESA

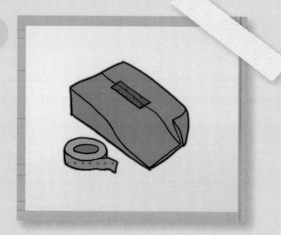

1

Envuelve los regalos de la fiesta con un papel bonito que puedas sujetar con cinta adhesiva de colores.

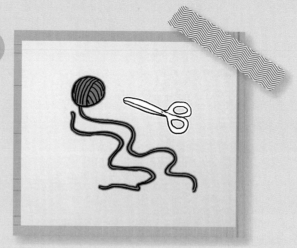

2

Haz una ristra larga con bolas verdes que simulen guisantes. Puedes hacerla con bolas de fieltro o con papel de periódico mojado en agua y pegamento, y después pintado.

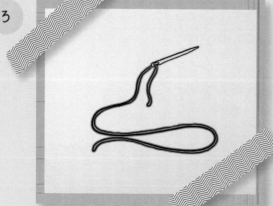

3

Enhebra un trozo de cordel de algodón o lana fina de color verde oscuro en una aguja lanera. Pide ayuda a un adulto si lo necesitas.

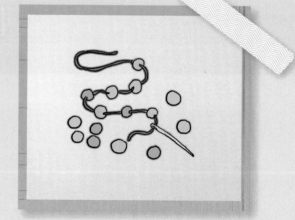

4

Perfora las bolas con la aguja y el cordel. Una vez pasada la aguja, haz un nudo para que no se muevan las bolas.

CORONA DE PRINCESA

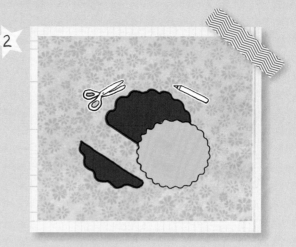

En una cartulina de color rosa, dibuja una corona y recórtala. Debe ser del mismo tamaño que el perímetro de tu cabeza. Pide ayuda a un adulto.

Para decorarla, consigue dos papeles de blonda de distinto tamaño. A continuación, recorta en línea recta una tercera parte de cada papel.

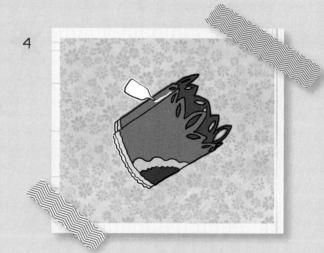

Pega los papeles en la parte inferior de la corona. Puedes añadirle también otros detalles. Fíjate en la fotografía.

Cuando esté completamente seco, aplica un poco de pegamento en los bordes de la corona y enróllala. ¿Quién quiere ser la princesa?

ESPADA Y CORONA

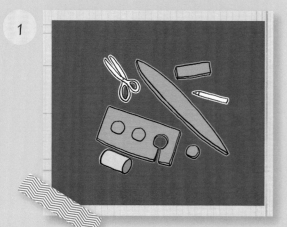

En un cartón, recorta una silueta de unos
6 cm de ancho con los extremos terminados
en punta, un rectángulo de 14 x 4,5 cm
y tres círculos de unos 5 cm de diámetro.

Pega un círculo en la parte superior
de la espada y los otros dos en los
extremos del rectángulo; después, pégalo
en la espada para formar la empuñadura
y decórala con cordel.

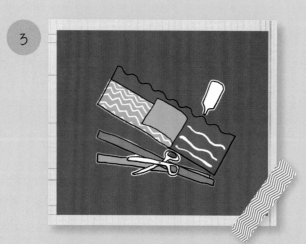

Para la corona, dibuja en una cartulina
un rectángulo de unos 12 cm de altura
y de ancho el perímetro de tu cabeza.
Recórtalo con un perfil ondulado y adórnalo.

Aplica un poco de pegamento en uno
de los laterales de la corona y enróllala
hasta unirlos. Para terminar, decórala
con un trozo de cordel en la base.

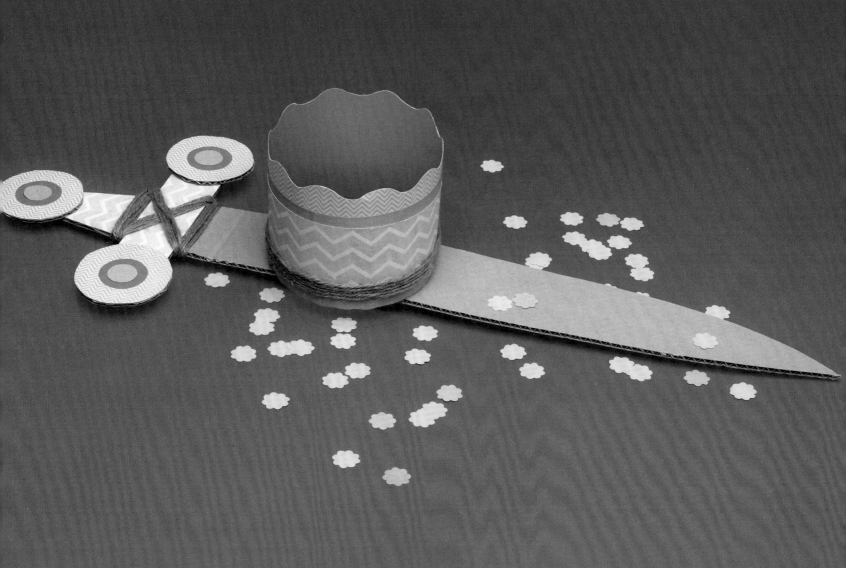

DULCES CUCURUCHOS

1

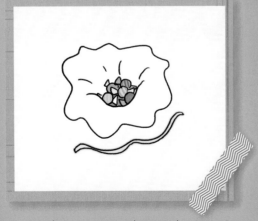

Forma varios cucuruchos doblando cuadrados de cartulina. Recorta la parte que sobra para que te quede la forma de un cono y pega los laterales.

2

Forma otros cucuruchos con cartulina estampada y pon los primeros en su interior; quedarán más bonitos y resistentes.

3

Extiende un trozo de tul de 16 x 16 cm en la palma de tu mano y pon dentro unos caramelos. Pide a un adulto que cierre el tul con una cinta y un lazo.

4

Pon la bolsa de tul llena de caramelos dentro de un cono y así con todos los cucuruchos.

DE ETIQUETA

1

Recorta varios rectángulos de cartulina de 8 x 4 cm. A continuación, recorta las dos esquinas de uno de los lados de cada rectángulo.

2

Decora los rectángulos con cinta adhesiva de colores. Debes pegarlos unos encima de otros y de forma desordenada. Fíjate en la fotografía.

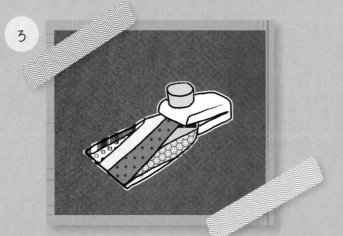

3

Con una perforadora, haz un agujero en el centro del lado de la etiqueta al que has recortado las esquinas.

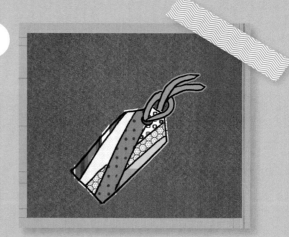

4

Pasa una cinta doblada en forma de U por los agujeros de las etiquetas y ciérrala pasando los dos extremos de la cinta por dentro.

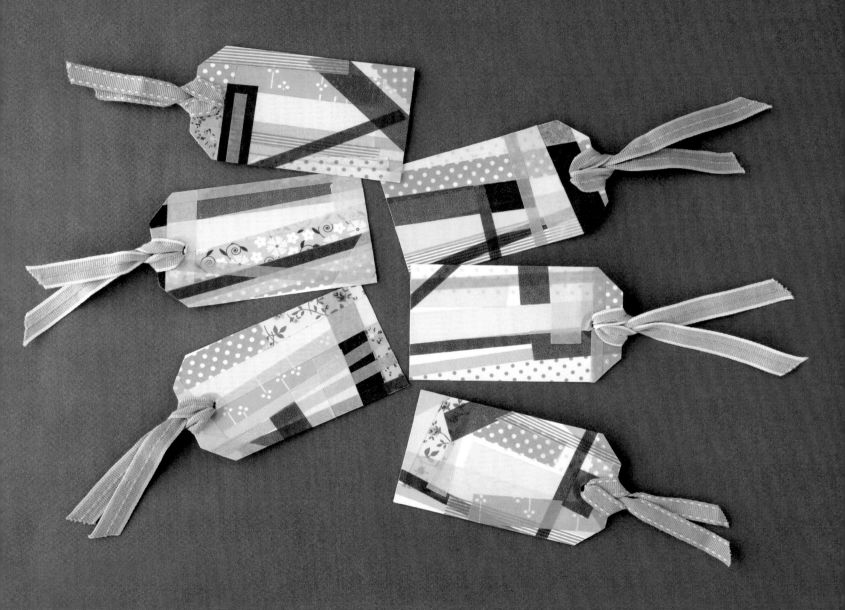

POMPAS DE JABÓN

Pide a un adulto que corte trozos de alambre de unos 50 cm de longitud. Enrolla los alambres a un objeto redondo para formar aros.

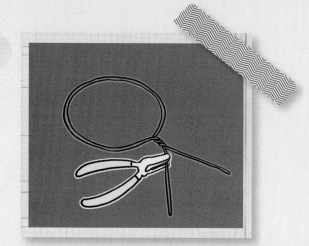

Con unas tenazas y la ayuda de un adulto, enrolla uno de los extremos del alambre en el otro, tal como muestra el dibujo.

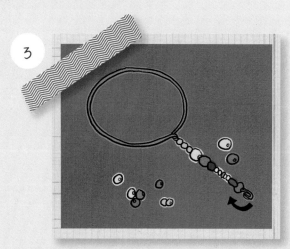

Pasa algunas cuentas de madera por el alambre hasta cubrir la sección recta. Dobla el extremo del alambre para que las cuentas no caigan.

Llena una palangana con agua jabonosa, remueve el aro en el agua y sácalo. Sopla por el aro y saldrán pompas de jabón.

HALLOWEEN, ¡EL TERROR!

TELARAÑAS DE MIEDO

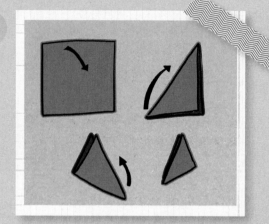

Recorta cuadrados de papel de seda
y dóblalos por la mitad y en diagonal.
Dobla cada triángulo dos veces más
por la mitad. Fíjate en el dibujo.

Tal y como están, recorta su base en
forma de arco dejando una pestaña
en uno de los extremos.

Haz cortes paralelos siguiendo la forma
del arco y sin llegar hasta el extremo.
El número de cortes debe ser par.

Finalmente, abre los triángulos y verás
cómo se convierten en telarañas.
Haz tantas como quieras para decorar
tu fiesta de Halloween.

ESCOBAS Y CARAMELOS

1

Consigue cuatro bolsas pequeñas de papel. Recorta las asas, si tienen, y pon tres bolsas una dentro de otra.

2

Recorta tiras en vertical a lo largo de las tres bolsas hasta llegar casi a su base. Fíjate en el dibujo.

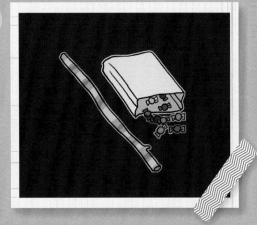

3

Llena la cuarta bolsa de caramelos e introdúcele una rama o un palo de madera.

4

Cubre esta bolsa con las otras tres y átalas todas juntas alrededor del palo de madera con un trozo de lana.

PANTALLAS TERRORÍFICAS

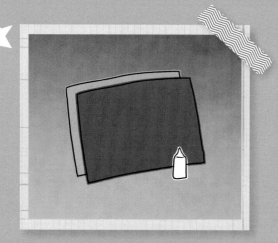

Cuando estén secas, dibújales ojos, cejas, una boca y una nariz. Fíjate en la fotografía.

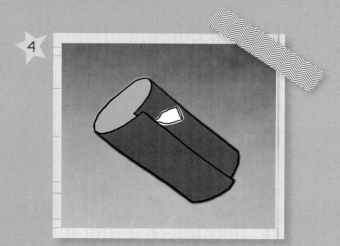

Pega una cartulina de color naranja en una cartulina negra aproximadamente del tamaño de un folio.

Enrolla la cartulina en forma de cilindro y pega los laterales. La cartulina negra debe quedar en el exterior. Coloca una vela en su interior y verás cómo se iluminan.

Con la ayuda de un adulto, recorta los elementos que has dibujado.

SOMBRERO DE BRUJA

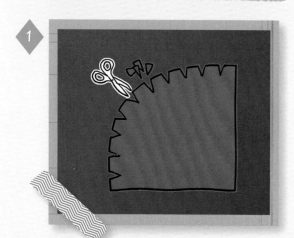

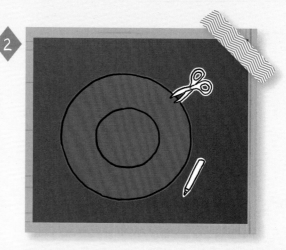

En una cartulina negra, dibuja un cuarto de círculo de unos 40 cm de largo y 40 cm de ancho. Después, corta unas pestañas como las del dibujo.

Dibuja y recorta también dos círculos concéntricos. El círculo exterior debe tener 35 cm de diámetro y el interior debe tener el perímetro de tu cabeza.

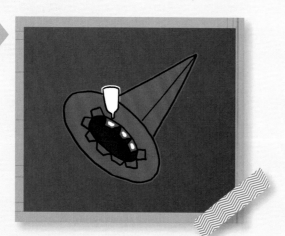

Forma un cono con la cartulina del primer paso y pega sus laterales. Pega las pestañas a la base circular.

En un papel de otro color, dibuja y recorta una cinta y varias estrellas, encontrarás una plantilla al final del libro. Después, pégalo en la cartulina y ya tendrás tu sombrero de bruja.

INSECTOS HELADOS

1

Consigue un molde de silicona para cubitos y unos cuantos insectos de plástico; lávalo bien.

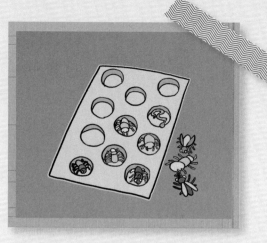

2

Pon un insecto en cada agujero del molde. Los insectos puedes comprarlos en jugueterías o en tiendas de artículos de fiesta.

3

Cubre con agua cada uno de los agujeros del molde. Procura que los bichos sobresalgan del agua.

4

Pon el molde en el congelador. El día de tu fiesta de Halloween podrás enfriar las bebidas de tus invitados con cubitos terroríficos.

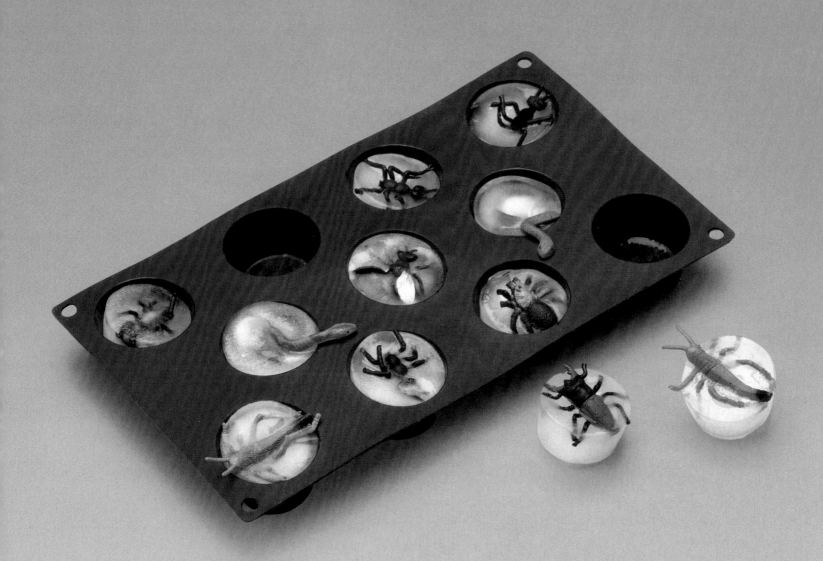

UN MONSTRUO DE MIL CARAS

1

Recorta un trozo de cartón de unos 35 x 35 cm. Utiliza alguna caja vieja que tengas en casa.

2

Con la ayuda de un adulto, recorta un óvalo en la parte central del tamaño del perímetro de tu cara.

3

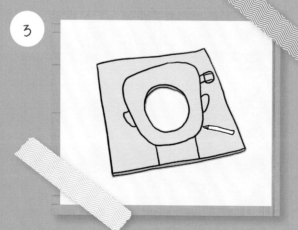

Alrededor del círculo que has recortado, dibuja una cabeza de monstruo. ¡No te olvides de las tuercas y las cicatrices!

4

Ahora solo te falta pintarlo. Pide a tus amigos que se dejen tomar una foto con la cabeza de monstruo y así tendréis un bonito recuerdo de tu fiesta de Halloween.

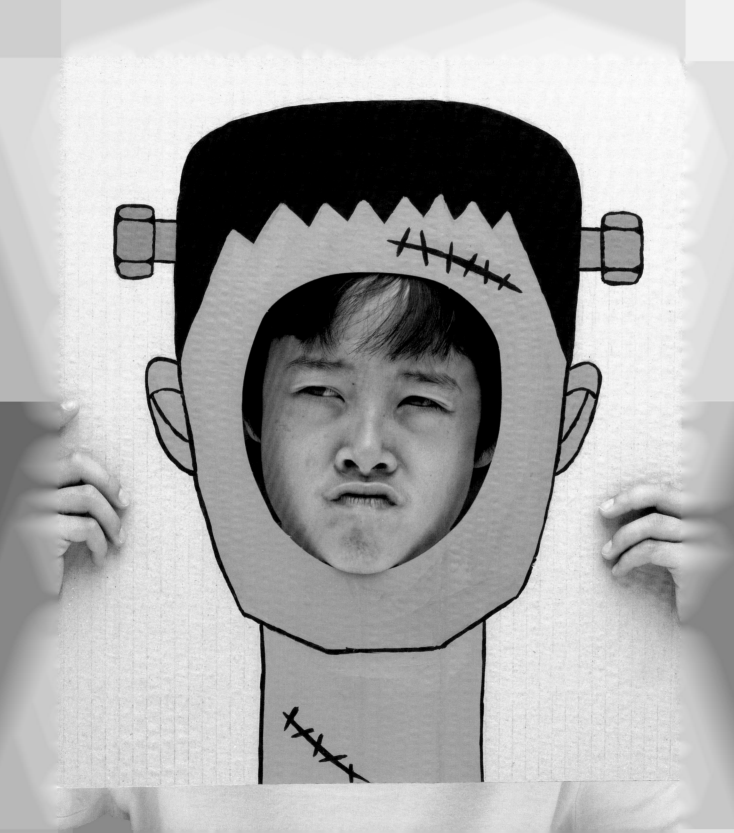

MIS
6 PRIMAVERAS

INVITACIÓN CON GLOBO

1

En una cartulina, dibuja un rectángulo de unos 20 x 14 cm y recórtalo. Dóblalo por la mitad, como en el dibujo.

2

Con un rotulador permanente, escribe la fecha y el lugar de la fiesta en el globo.

3

Pega el globo con cinta adhesiva de colores en la parte interior de la tarjeta.

4

Anota en la parte izquierda de la invitación: "Hincha el globo y lee". ¡No te olvides de enviarla a tus amigos!

Hincha el globo
y lee.

Te invito a mi
fiesta el día
20 de abril
a las
5 de la tarde.

CARAMELOS VOLADORES

2

Decora las alas de las mariposas.
Puedes utilizar rotuladores o pegarles
retales de papeles de distintos colores.
¡Deja volar tu imaginación!

1

En cartulinas de distintos colores,
dibuja y recorta varias mariposas
con la plantilla del final del libro.

3

4

Ya solo tienes que pasar el palo
de los caramelos por los pequeños
cortes e invitar a tus amigos a disfrutar
de estas deliciosas mariposas.

Con la ayuda de un adulto, haz dos
pequeños cortes en el eje central
de cada mariposa.

BANDEJA DE PASTEL

2

En cartulinas de distintos colores o estampados, dibuja y recorta varias formas de pétalos.

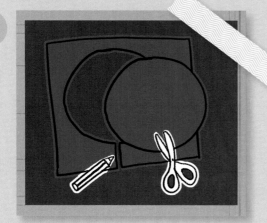

1

En un cartón grueso, dibuja y recorta una circunferencia mayor que la base del pastel que quieres presentar.

4

Pega la tira de cartulina a la base de cartón. Pide a un adulto que te ayude a dibujar y recortar las patas sobre las que se sostendrá el pastel.

3

En una cartulina de otro color, dibuja una tira de 5 cm de ancho y de largo el perímetro de la base de cartón. Después, recórtala y pégale los pétalos.

GUIRNALDAS DE MARIPOSAS

1

En cartulinas de distintos colores o estampados dibuja muchas siluetas de mariposa. Después, recórtalas.

2

Con un punzón, haz dos pequeños agujeros en los extremos de cada una de las alas superiores.

3

Corta trozos largos de cordel. Pásalo por los agujeros de las mariposas. Deja una distancia de unos 7 cm entre cada una.

4

Cuélgalas en tu fiesta y ya podrás disfrutar del vuelo de estas fantásticas mariposas.

FLORES DE AIRE

1

En cartulinas de distintos colores
o estampados, dibuja siluetas con forma
de pétalo. A continuación, recórtalos.

2

Dibuja tiras de 5 cm de ancho. Calcula
la distancia de cuatro pétalos situados
uno al lado del otro para saber la
longitud de las tiras. Después recórtalas.

3

En cada tira pega cuatro pétalos.
Hincha, con helio, unos cuantos globos.
Hazles un nudo y átales una cinta
de colores.

4

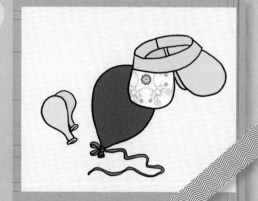

Para terminar, pon una corona
de pétalos en cada globo.
¡Mira qué flores más bonitas!

MÁSCARA DE MARIPOSA

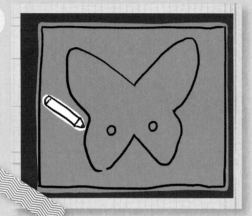

En una cartulina dibuja la silueta de
una mariposa. Las alas superiores deben
sobrepasar tu cabeza y las inferiores
no pueden taparte ni la nariz ni la boca.

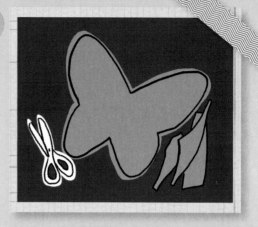

Recorta cuidadosamente la silueta
de la mariposa que has dibujado.

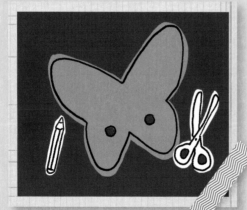

Pon la máscara frente a tu cara y pide
a otra persona que marque la posición
de los ojos. A continuación, recorta
los agujeros.

Decórala a tu gusto y con la ayuda
de un punzón, haz un agujero en
cada lado de la máscara. Pasa una
goma elástica por los dos agujeros
y pruébatela.

¡BIENVENIDOS AÑOS 60!

FLORES PARA COLGAR

1

En papeles estampados de vivos colores, dibuja unas cuantas flores y símbolos de la paz. Fíjate en la fotografía.

2

Recorta las flores y los símbolos de la paz que has dibujado. Si lo necesitas, pide ayuda a un adulto.

3

Recorta fieltros de distintos colores en forma de corazón, de flor o de circunferencia. Después, pégalos en el centro de las flores de papel.

4

Recorta varias tiras largas de cinta. Pégalas a las flores o a los símbolos de la paz y ya tendrás los adornos de tu fiesta de los años 60 listos para colgar.

COMPLEMENTOS AÑOS 60

1

En una cartulina de color negro y otras estampadas y con la ayuda de las plantillas que encontrarás al final del libro, dibuja unas gafas y un bigote.

2

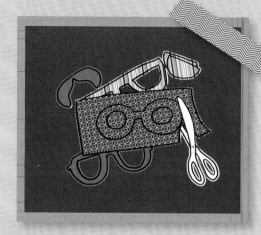

Puedes dibujar otros modelos de gafas. Recórtalos, también el bigote. Necesitarás la ayuda de un adulto.

3

Recorta trozos de papel celofán oscuro y pégalos en la cara posterior de las gafas simulando los cristales.

4

Ahora solo te falta pegar las gafas y el bigote en el extremo de cuatro palos delgados de madera.

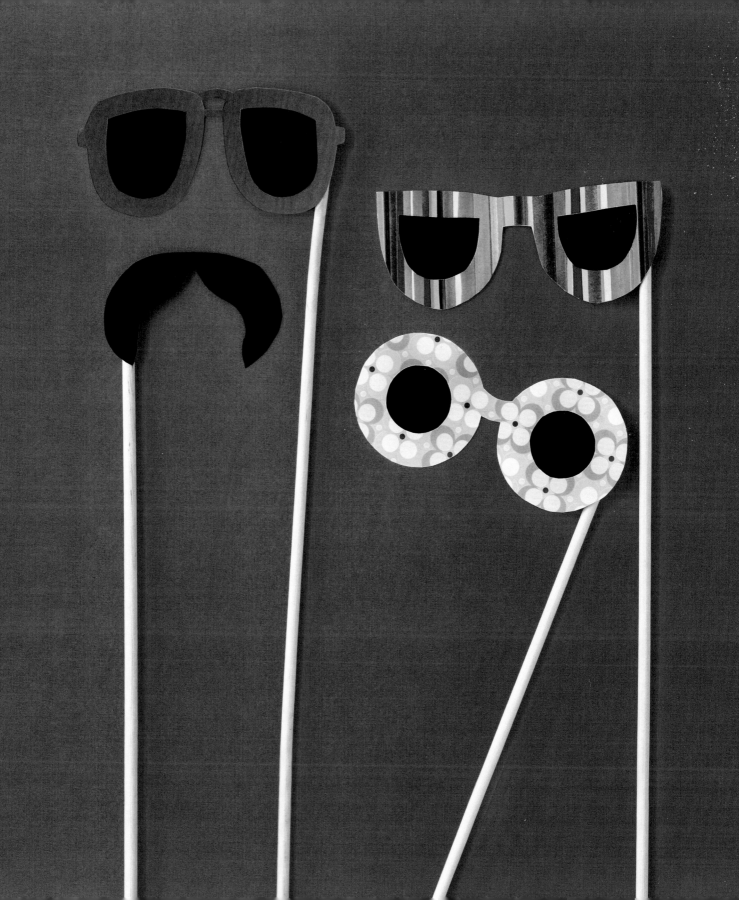

PIÑATA ARCOÍRIS

1

Dibuja la silueta de un arcoíris en un cartón. A continuación, pinta las bandas de los colores del arcoíris. Cuando la pintura esté seca, recórtalo.

2

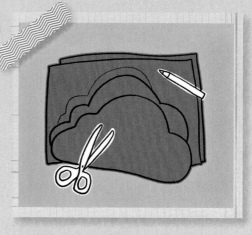

Dibuja cuatro nubes en papel de embalar que tengan un tamaño proporcional al del arcoíris. Después, recórtalas.

3

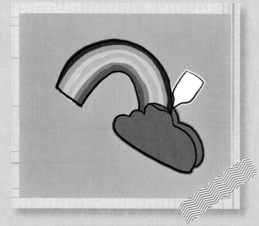

Pega cada extemo del arcoíris entre dos nubes. Deben quedar abiertas por la parte de abajo.

4

Consigue cintas de los siete colores del arcoíris, recorta dos tiras largas de cada una y pégalas en la parte inferior de las nubes. Llena el interior con caramelos y regalitos y pega las dos nubes por abajo.

PELUCA AÑOS 60

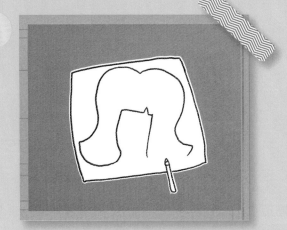

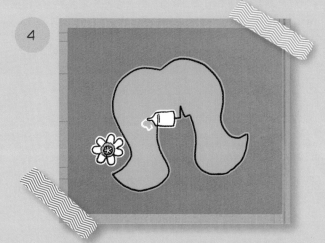

1 En un trozo de cartón, dibuja el perfil de una peluca. La parte interior debe tener la forma del contorno de tu cara.

2 Recorta el perfil de la peluca y píntalo de un color intenso. Déjalo secar bien.

3 Dibuja y recorta tres flores de tamaños distintos en tres cartulinas de colores. Pega las flores una encima de la otra.

4 Pega la flor a la peluca y espera que se seque. ¿Quién quiere salir en la foto con una peluca años 60?

REFRESCOS AÑOS 60

1

Consigue un envase de cartón de seis botellas de refresco y píntalo del color que te guste. Déjálo secar.

2

Limpia las seis botellas que había en el envase y sácales las etiquetas con agua caliente y lavavajillas.

3

Cuando estén secas, pégales adhesivos redondos de distintos colores. Si son colores fosforescentes parecerán más de los años 60.

4

Llena las botellas de zumo o de refresco y colócalas en el envase con una pajita en cada una.

GLOBOS PARA TODOS

1

En cartulinas de colores o estampadas, dibuja la silueta de flores de dos tamaños y algunos símbolos de la paz. Después, recórtalo.

2

Pega las flores pequeñas a las grandes. Después haz un corte en cada flor y símbolo de la paz y pasa un globo por el agujero.

3

Ponlo en bolsitas de plástico o de celofán. Recorta rectángulos de cartulina, dóblalos cerrando las bolsas y grapa las cartelas a las bolsas.

4

¡Tus invitados podrán hinchar globos temáticos de tu fiesta de los años 60!

BANDEROLAS DE CIRCO
Páginas 10-11

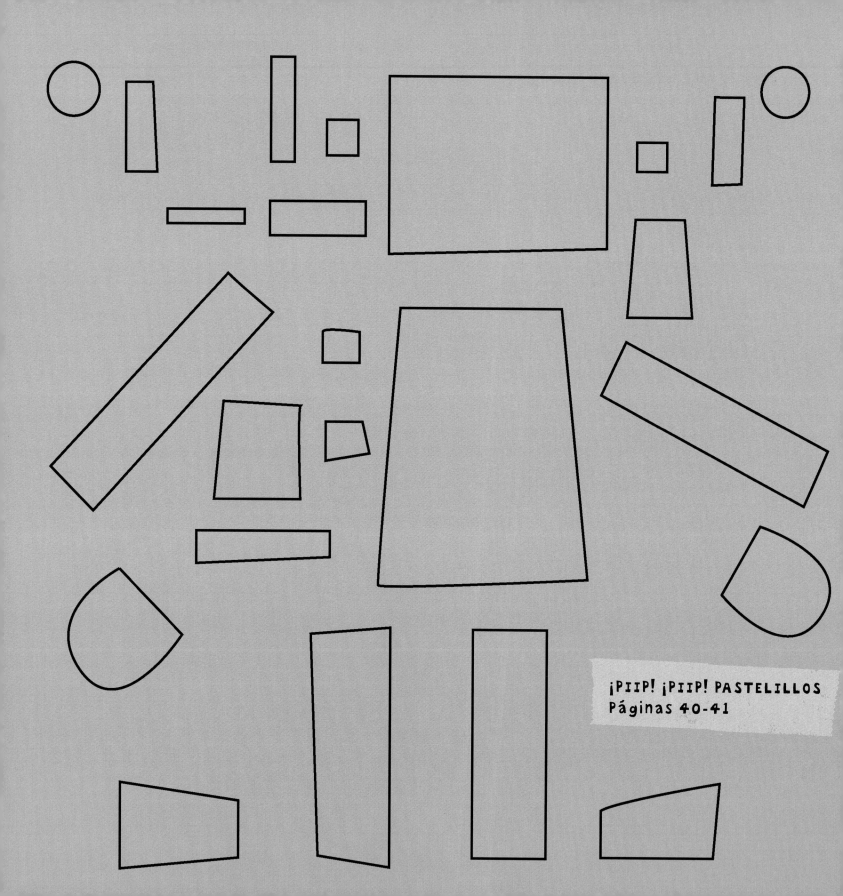

¡PIIP! ¡PIIP! PASTELILLOS
Páginas 40-41

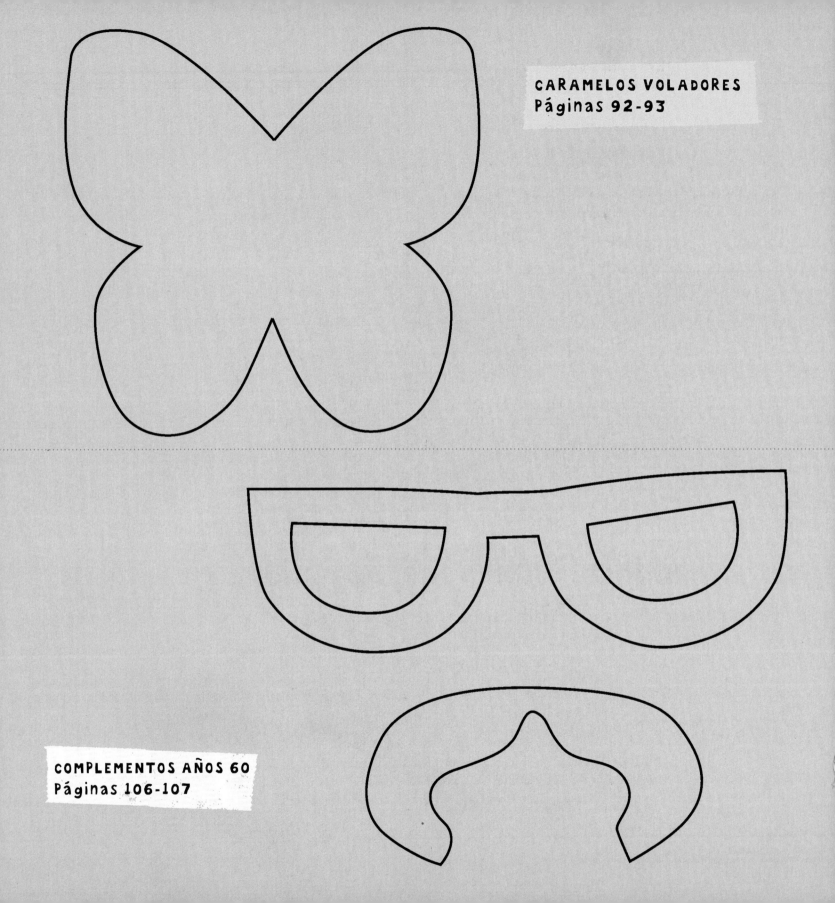

CARAMELOS VOLADORES
Páginas **92-93**

COMPLEMENTOS AÑOS 60
Páginas **106-107**